भारतीय महिला वैज्ञानिक

भारतीय महिला वैज्ञानिक

संपादक

गरिमा ठाकुर

अनबाउंड स्क्रिप्ट

अनबाउंड स्क्रिप्ट

भारतीय महिला वैज्ञानिक

प्रथम संस्करण 2024

ISBN : 978-93-92088-88-9

मूल्य : 249/-

प्रकाशक : **अनबाउंड स्क्रिप्ट**
बी-10, सेवेन वंडर्स बिजनेस सेंटर,
प्लॉट नं. जी-20 बेसमेंट, प्रीत विहार,
नई दिल्ली-110092

www.unboundscript.com
books@unboundscript.com

Printed in India

Bhartiya Mahila Vaigyanik
Edited by Garima Thakur
Illustrated by Nisha Rawat

भूमिका

स्त्रियों के बारे में अनेक ग़लतफ़हमियाँ हैं। उनमें से एक यह है कि स्त्रियाँ तार्किक होने के बजाय भावुक होती हैं। विज्ञान और तकनीक से स्त्रियों के दूर होने के तमाम कारणों में से एक कारण यह भी है। यही कारण है कि विज्ञान और तकनीक के क्षेत्र में उसके योगदान को नज़रंदाज़ किया गया। यही कारण है कि आज भी विज्ञान और गणितबहुसंख्यक लड़कियों का पहला चुनाव नहीं होता। यह ग़लत धारणा परिवार से शुरू होकर पूरे शिक्षा व्यवस्था तक फ़ैल जाती है। इसके बावजूद स्त्रियों ने विज्ञान और तकनीक के क्षेत्र में उल्लेखनीय योगदान दिया।

विज्ञान के क्षेत्र में भारतीय महिलाओं का योगदान उनकी मेहनत और विवेकशीलता का प्रमाण है। उनके योगदान से मानवीय जिज्ञासा और ज्ञान में विस्तार हुआ। उनकी कहानियाँ सुनायी जाने योग्य हैं-इसमें स्वप्न है, संघर्ष है और उपलब्धियाँ भी। आनंदी जोशी, जो मात्र 14 वर्ष की उम्र में माँ बन गयीं,

वह भारत की पहली महिला डॉक्टर बनीं। कादम्बिनी गांगुली अपने संघर्षों से ही महिला चिकित्सक बनीं और यह जानकर आश्चर्य होगा कि वह कांग्रेस की सभा में भाषण देने वाली पहली महिला थीं। जानकी अम्मल ने सबसे मीठे गन्ने का विकास करके भारत को चीनी उत्पादन के क्षेत्र में सक्षम बना दिया। इरावती कर्वे की प्रतिभा और भारतीय नातेदारियों की समझ का कोई जोड़ नहीं। कमला सोहिनी ने अपने देश को दलहन के क्षेत्र में उल्लेखनीय मुकाम दिया। बिभा चौधुरी के काम को दुनियाभर के वैज्ञानिक सम्मान की दृष्टि से देखते हैं। और उन्होंने यह सब तब किया जब हमारे देश में शोध के लिए सामान्य सहूलियतें तक नहीं थीं। अन्ना मणि ने मौसम विज्ञान के क्षेत्र में सक्षम किया। कल्पना चावला ने भारतीय लड़कियों को हौसला दिया। ये कहानियाँ कल्पनाशीलता, जिज्ञासा और साहस की वास्तविक गाथाएँ हैं।

अनुक्रम

भारत की पहली महिला चिकित्सक

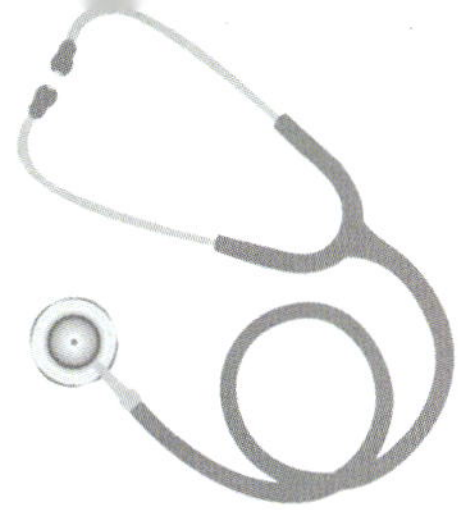

कादम्बिनी गांगुली

(1861-1923)

कादम्बिनी गांगुली को भारत की पहली स्नातक महिला व पहली महिला चिकित्सक होने और भारतीय राष्ट्रीय कांग्रेस के अधिवेशन में सबसे पहले भाषण देने वाली महिला का गौरव भी प्राप्त है। कादम्बिनी गांगुली दक्षिण एशिया की ऐसी पहली महिला थीं, जिन्होंने यूरोपियन मेडिसिन में प्रशिक्षण लिया था। उनका जन्म 18 जुलाई, 1861 को बिहार के भागलपुर में हुआ था। उनके पिता का नाम बृजकिशोर बसू था। वह एक उदार विचारों के व्यक्ति थे। उन्होंने अपनी बेटी की शिक्षा पर पूरा ध्यान दिया। यही वजह रही कि उनकी बेटी कादम्बिनी ने कई क्षेत्रों में पहली भारतीय महिला होने का गौरव प्राप्त किया।

बंग महिला विद्यालय और बेथून स्कूल

कादम्बिनी गांगुली की शिक्षा बंग महिला विद्यालय से शुरू हुई। बाद में वह बेथून स्कूल गयीं। हमें बेथून स्कूल के बारे में कुछ और जानना चाहिए। बेथून स्कूल पूरे एशिया में लड़कियों के लिए दूसरा स्कूल था। अब आपके मन में यह प्रश्न आएगा कि फिर पहला

स्कूल कौन सा था? पहले स्कूल की स्थापना ज्योतिबा फुले ने पुणे में किया था। बाद में बेथून स्कूल महिलाओं के लिए पहला कॉलेज बना। ये बातें अगर आप जानेंगे तो कादंबिनी गांगुली के संघर्ष को ठीक से समझ सकेंगे। कादम्बिनी गांगुली ने वर्ष 1882 में 'कोलकाता विश्वविद्यालय' से बी.ए. की परीक्षा उत्तीर्ण की थी। यहीं से उन्होंने वर्ष 1886 में चिकित्सा शास्त्र की डिग्री हासिल की और देश की पहली महिला चिकित्सक बन गईं। इसके बाद गांगुली आगे की पढ़ाई के लिए विदेश चली गई और ग्लासगो और एडिनबर्ग विश्वविद्यालय से चिकित्सा की उच्च डिग्रियां हासिल की और फिर वापस स्वदेश लौट आई। कादम्बिनी के रूप में 19वीं सदी में ही भारत को पहली महिला डॉक्टर मिल गई थी।

कादम्बिनी गांगुली का विवाह ब्रह्म समाज के नेता द्वारकानाथ गंगोपाध्याय से हुआ था। ब्रह्म समाज का उद्देश्य था भारत में सामाजिक कुरीतियों को दूर करना व महिलाओं का उत्थान करना में था। द्वारकानाथ भी महिलाओं की स्थिति में सुधार के लिए प्रयासरत थे। उन्हें इसमें कादम्बिनी का बहुत सहयोग मिला। उन्होंने बालिकाओं के विद्यालय में गृह उद्योग स्थापित करने के कार्य को बढ़ावा दिया। कादम्बिनी में देशभक्ति की भावना का संचार बंकिमचन्द्र चट्टोपाध्याय की रचनाओं से हुआ।

कांग्रेस के इतिहास में पहली महिला

महिला चिकित्सक कादम्बिनी गांगुली ने भारतीय राष्ट्रीय कांग्रेस के वर्ष 1889 के मद्रास अधिवेशन में भाग लिया व कांग्रेस के इतिहास में भाषण देने वाली पहली महिला बनीं। वर्ष 1906 के कोलकाता कांग्रेस अधिवेशन के अवसर पर आयोजित महिला सम्मेलन

की अध्यक्षता भी कादम्बिनी ने ही की थी। उस समय के विख्यात अमेरिकी इतिहासकार डेविड ने लिखा कि 'कादम्बिनी अपने समय की सबसे निपुण और मुक्त ख्याल वाली औरत हैं। उनके हिसाब से रिश्ते आपसी प्रेम, संवेदनशीलता और समझ-बूझ पर बनते है जो कि उस वक्त के लिए सबसे असामान्य बात है।' भारत की विद्वान महिला व पहली महिला चिकित्सक कादम्बिनी गांगुली का निधन 63 वर्ष की उम्र में 3 अक्टूबर, 1923 को पश्चिम बंगाल के कोलकाता में हो गया।

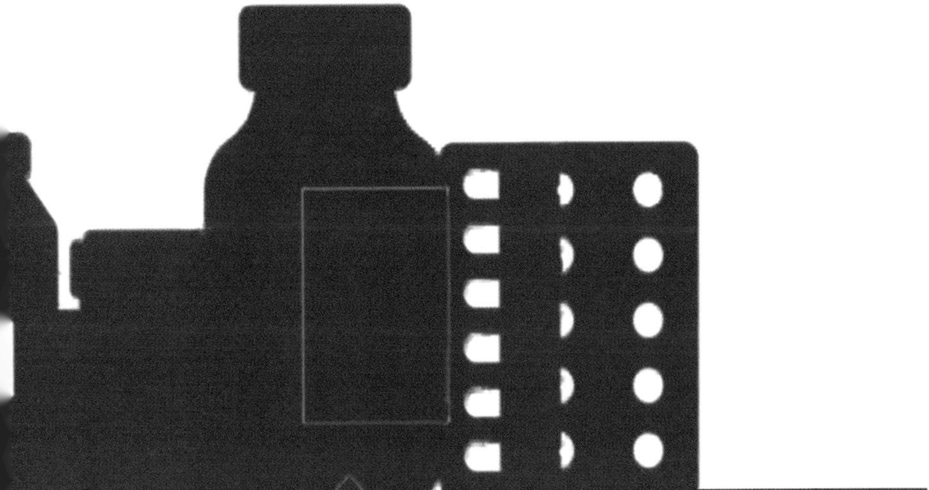

अमेरिका से एम.डी. डिग्री की पाने वाली
भारत की पहली महिला डॉक्टर

आनन्दीबाई जोशी

(1865-1887)

भारत में शिक्षा के क्षेत्र में पहले के मुकाबले काफ़ी सुधार आया है। आज महिलाएं हर क्षेत्र में अपनी प्रतिभा दिखा रही हैं। लेकिन क्या आप कल्पना कर सकते हैं कि 19वीं शताब्दी में भारत की कोई महिला डॉक्टर बनकर इतिहास रचेगा? यहाँ आप एक ऐसी महिला के बारे में पढ़ेंगे जो उस समय की विषम परिस्थितियों में शिक्षा के क्षेत्र में आगे बढ़ीं और विदेश से शिक्षा हासिल कर भारत की पहली डॉक्टर बनीं। इनका नाम है-आनंदीबाई जोशी।

बाल विवाह

डॉ. आनंदीबाई जोशी का जन्म 31 मार्च सन् 1865 में पुणे शहर में हुआ था। ब्राह्मण परिवार में जन्मी आनंदी जब महज 9 बरस की थीं, तभी उनकी शादी 25 साल के गोपालराव जोशी से कर दी गई थी। आनंदी बाई 14 साल की उम्र में मां बन चुकी थीं। दुर्भाग्य से 10 दिनों के भीतर ही उनके नवजात बच्चे की मौत हो गई। बच्चे को खोने के दर्द ने आनंदी को दुखी करने के साथ ही एक लक्ष्य भी दिया, उन्होंने ठान लिया कि वे एक दिन डॉक्टर बनकर रहेंगी। उनके इस संकल्प को पूरा करने में उनके पति ने भी उनकी पूरी मदद की।

अमेरिका से ली मेडिकल डिग्री

आनंदी बाई ने लक्ष्य बनाया कि वह डॉक्टर बनेंगी। और तमाम आलोचनाओं के बाद भी वह आगे बढ़ती रहीं। उनके पति गोपालराव ने एक मिशनरी स्कूल में दाखिला दिलाकर आगे की पढ़ाई कराई। आगे की पढ़ाई के लिए वह कलकत्ता चली गईं। जहां पर उन्होंने संस्कृत और अंग्रेजी पढ़ना और बोलना सीखा। उनके पति ने उन्हें आगे मेडिकल का अध्ययन करने के लिए प्रोत्साहित किया। उन्होंने एक अमेरिकी मिशनरी रॉयल वाइल्डर को एक पत्र भेजा, जिसमें उन्होंने अपनी पत्नी की रुचि को देखते हुए संयुक्त राज्य अमेरिका में चिकित्सा के अध्ययन की जानकारी मांगी। जानकारी मिलने पर वह अमेरिका चली गईं। उन्होंने पेंसिल्वेनिया के महिला मेडिकल कॉलेज में चिकित्सा कार्यक्रम में एडिमशन लिया।

आनंदीबाई ने साल 1886 में 19 साल की उम्र में एमडी की डिग्री हासिल कर ली। वह एमडी की डिग्री पाने वाली भारत की पहली महिला डॉक्टर बनीं। उसी साल आनंदीबाई भारत लौट आईं। डॉक्टर बन कर देश लौटी आनंदी का भव्य स्वागत किया गया था। रानी विक्टोरिया ने भी शुभकामना सन्देश भेजा। बाद में उन्हें कोल्हापुर रियासत के अल्बर्ट एडवर्ड अस्पताल के महिला वार्ड में प्रभारी चिकित्सक की नियुक्ति मिली।

ईसाई धर्म अपनाने से किया इन्कार

19वीं शताब्दी के भारत में चिकित्सा के क्षेत्र में करियर बनाने की चाहत रखने वाली महिलाओं के लिए कोई जगह नहीं थी। उनसे सिर्फ दाई के रूप में काम करने की उम्मीद की जाती थी। हालांकि चेन्नई में चिकित्सक का एक कोर्स था। लेकिन वहां कार्यरत पुरुष शिक्षकों की रूढ़िवादी विचारधारा, महिलाओं को पढ़ने की इजाजत नहीं दे रही थी।

उस समय स्त्रियों का लड़कों के साथ पढ़ना अच्छा नहीं माना जाता था। इसी सोच ने उस समय देश में महिलाओं के लिए ज़रूरी हेल्थ केयर की पहुंच को और सीमित कर दिया। क्योंकि वे पुरुष डॉक्टरों से जांच करवाने में असहज महसूस करती थीं। उस समय देश में एक भी महिला डॉक्टर नहीं थी और आगे भी काफी लंबे समय तक उनकी कमी बनी रही।

गोपाल राव ने एक अमेरिकी मिशनरी रॉयल वाइल्डर को पत्र भेजा। जिसमें उन्होंने खुद के लिए रोजगार के अवसर के अलावा, आनंदी के मेडिकल कॉलेज में एडमिशन में मदद के लिए अनुरोध किया था। लेकिन वाइल्डर ने उनके पत्र का जवाब देते हुए लिखा कि वह एक शर्त पर उनकी बात मान सकते हैं- जोशी को ईसाई धर्म अपनाना होगा। ब्राह्मण दंपति ने उनकी बात मानने से इन्कार कर दिया।

टीबी की बीमारी से हुई मौत

इन तमाम उपलब्धियों के बावजूद किस्मत को कुछ और ही मंजूर था। भारत की पहली महिला डॉक्टर बनकर कीर्तिमान रचने वाली आनंदीबाई अपनी डॉक्टरी की प्रैक्टिस शुरू करतीं उससे पहले ही वे टीबी की बीमारी का शिकार हो गईं। लगातार बीमार रहने के कारण 26 फरवरी 1887 में महज 22 साल की उम्र में आनंदीबाई चल बसीं।

पुरस्कार व सम्मान

शुक्र ग्रह पर बहुत बड़े-बड़े क्रेटर या गड्ढे हैं। इस ग्रह के तीन गड्ढों के नाम भारत की तीन प्रसिद्ध महिलाओं के नाम पर रखा गया। ऐसे ही एक क्रेटर को जोशी क्रेटर कहा जाता है। शुक्र ग्रह के इस क्रेटर का नाम आनंदी गोपाल जोशी के नाम पर रखा गया है। वहीं इंस्टीट्यूट फॉर रिसर्च एंड डॉक्यूमेंटेशन इन सोशल साइंसेज लखनऊ जो एक गैर-सरकारी संगठन है, जो भारत में चिकित्सा विज्ञान को आगे बढ़ाने के लिए उनके शुरुआती योगदान के सम्मान में मेडिसिन के लिए आनंदीबाई जोशी पुरस्कार प्रदान कर रहा है। इसके अलावा, महाराष्ट्र सरकार ने महिलाओं के स्वास्थ्य पर काम करने वाली युवा महिलाओं के लिए उनके नाम पर एक फैलोशिप की स्थापना की है। 31 मार्च 2018 को गूगल ने उनकी याद में उनकी 153 वीं जयंती को करने के लिए Google Doodle बनाया। आनंदी बाई पर कई टीवी सीरियल और फिल्में भी बनीं। उनके जीवन पर कैरोलिन वेलस ने 1888 में बायोग्राफी भी लिखी थी, बाद में इस बायोग्राफी पर एक सीरियल भी बनाया गया था जिसे दूरदर्शन पर आनंदी गोपाल के नाम से प्रसारित किया गया था।

पहली महिला वनस्पति वैज्ञानिक

जानकी अम्मल

(1897-1984)

जानकी अम्माल भारत की पहली महिला वनस्पति वैज्ञानिक थीं। साल 1951 में प्रधानमंत्री जवाहरलाल नेहरू ने उन्हें भारत में 'बोटैनिकल सर्वे ऑफ इंडिया' के नवीनीकरण के लिए बुलाया था। उस समय वह लंदन में रिसर्च कर रही थीं। तब उन्होंने अपने तीन दशक लंबे करियर को छोड़कर देश की सेवा में लग गयीं।

शुरुआती जीवन

डॉ. जानकी अम्माल का जन्म 4 नवंबर, 1897 में, केरल में हुआ था। उनका जन्म एक मध्यवर्गीय परिवार में हुआ था। अम्मल के पिता तत्कालीन मद्रास सूबे में उप-न्यायाधीश के पद पर कार्यरत थे और उनकी मां का नाम देवी कृष्णन था। पढ़े-लिखे परिवार के बावजूद महिलाओं को अपने छोटे-छोटे अधिकारों के लिए जूझना पड़ता था। बाकी समाज की स्थिति और बुरी थी। इन्हीं चीजों ने जानकी को शिक्षा के लिए प्रोत्साहित किया, जो उस वक्त के लिए कि एक दुर्लभ बात थी।

केरल में शुरूआती शिक्षा के बाद जानकी उच्च शिक्षा के लिए मद्रास चली गईं। मद्रास में, उन्होंने क्वीन मैरी कॉलेज से स्नातक की शिक्षा पूरी की और साल 1921 में प्रेसीडेंसी कॉलेज, चेन्नई से ऑनर्स की उपाधि प्राप्त की। इसके बाद वुमन क्रिश्चियन कॉलेज में पढ़ाने लगीं। इसी बीच उन्हें अमेरिका के मिशिगन यूनिवर्सिटी से परास्नातक करने के लिए प्रतिष्ठित बारबर स्कॉलरशिप मिली गयी। साल 1925 में वहां से डिग्री प्राप्त करने के बाद, वह भारत लौट आयी और डब्ल्यूसीसी में पढ़ाने लगीं। साल 1931 में विज्ञान में डॉक्टरेट की उपाधि प्राप्त करने के लिए वह फिर से मिशिगन वापस चली गईं। जब उन्हें डॉक्टरेट की डिग्री मिली तो उस समय वह चंद एशियाई महिलाओं में से एक थीं। आने वाले सालों में उनके करियर को एक दिशा मिली और वह वनस्पति विज्ञान की प्रोफेसर के रूप में भारत लौटीं।

सबसे मीठा गन्ना

भारत लौटने के बाद, उन्होंने साल 1932 से 1934 तक कुछ समय के लिए त्रिवेंद्रम के महाराजा कॉलेज ऑफ साइंस में वनस्पति विज्ञान के प्रोफेसर के रूप में काम किया। इसके बाद साल 1934 से 1939 तक उन्होंने कोयम्बटूर में 'शुगरकेन ब्रीडिंग इंस्टीट्यूट' में एक आनुवांशिकी वैज्ञानिक के रूप में काम किया। यहाँ गन्ना और संबंधित घास की प्रजातियों पर बेहद महत्त्वपूर्ण शोध किये। डॉ. जानकी अम्मल ने ज्यादा उपज वाले गन्ने की कई हाइब्रिड किस्मों की पहचान की। उनके शोध में क्रॉस-ब्रीडिंग के लिए पौधों की किस्मों का विश्लेषण करना भी शामिल था। यह उनके शानदार करियर की शुरुआत थी। हालांकि, इस दौरान उन्हें अनेक बाधाओं का सामना भी करना पड़ा। जानकी अम्मल को अपने सहकर्मियों से भेदभाव और अविवाहित महिला होने के कारण उत्पीड़न का भी सामना करना पड़ा। हालांकि, वह कभी पीछे नहीं हटीं बल्कि अपने समय के सबसे प्रमुख वैज्ञानिकों में से एक के रूप में उभरने के लिए इन चुनौतियों का सामना किया।

अम्मल ने अपना शोध जारी रखने के लिए लंदन का रुख किया और द्वितीय विश्व युद्ध की अराजकता के बी लंदन के जॉन इंस हॉर्टिकल्चर इंस्टिट्यूशन में एक असिस्टेंट

साइटोलॉजिस्ट के रूप में काम किया। अपने पूरे करियर में डॉ. जानकी अम्मल ने अपने शोध को ही मिशन के रूप में सामने रखने का साहसी निर्णय लिया। समाज और जाति व्यवस्था जो पाबंदियां महिलाओं पर लगाता है, वे पाबंदियाँ भी उसे रोकने में सक्षम नहीं हुईं। जानकी अम्मल आदर्श इसलिए हैं क्योंकि उन्होंने बाधाओं को पार किया और मनुष्यता के लिए बहुत कुछ नया किया ।

डॉ. जानकी अम्मल ने बॉटनिकल सर्वे के पुनर्गठन और स्वतंत्र भारत में विज्ञान के उत्थान में बड़ी भूमिका का निर्वहन किया। उन्होंने इलाहाबाद में केंद्रीय वनस्पति प्रयोगशाला का नेतृत्व किया। उन्होंने जम्मू और कश्मीर में क्षेत्रीय अनुसंधान प्रयोगशाला में काम किया और भाभा परमाणु अनुसंधान केंद्र से भी वह कुछ समय के लिए जुड़ी रहीं।

प्रेरणाप्रद जानकी अम्मल

जानकी अम्मल का जीवन और उनका काम प्रेरणाप्रद है। विशेष रूप से विज्ञान के क्षेत्र में उन महिलाओं के लिए जिन्हें अपने करियर में हर स्तर पर संघर्ष करना पड़ता है। जानकी अम्मल का जन्म भारत में एक ऐसे समय में हुआ था जब जातिगत भेदभाव आज की अपेक्षा ज्यादा भयानक था। वह ऐसे समुदाय से थीं, जो उस समय एक पिछड़ा समुदाय माना जाता था। लेकिन इस सब ने उनके हौसलों को और बल दिया। एक शीर्ष वैज्ञानिक होने के बावजूद, अम्माल ने बहुत ही सरल और सादे तरीके से अपना जीवन जिया। वह गांधीवादी विचारों में यकीन करती थीं। वह हमेशा अपने जीवन के नजरिये को लेकर बहुत शांत और सुलझी हुई थीं।

जानकी अम्मल ने जीन्स पर काम करते हुए लंदन के उद्यान में कुछ ऐसे पौधे लगाए और उनमें अभी भी वसंत में हर साल फूल खिलते हैं। उनके नाम पर मैगनोलिया के एक किस्म का नाम रखा गया- इटैलिक। जानकी अम्माल ने सादा जीवन व्यतीत किया और विज्ञान के प्रति समर्पित रहीं। उन्होंने उस समय एक ऐसे जीवन का नेतृत्व किया, जिसका सपना केवल महिलाएं ही देख सकती थीं। उनके लिए यह सफर आसान नहीं था, लेकिन उन्होंने अपने हौसलों से इसे पार किया और हमारे लिए आदर्श बन गयीं।

पहली महिला मानवशास्त्री

इरावती कर्वे

(1905-1970)

इरावती कर्वे, भारत की पहली महिला मानवशास्त्री थीं। इरावती कर्वे का जन्म 15 दिसंबर 1905, म्यांमार में हुआ था। उनका नाम पवित्र 'इरावती नदी' के नाम पर रखा गया था। उन्होंने अपनी प्राथमिक शिक्षा महाराष्ट्र में पूरी की। महज सात साल की उम्र में वह बोर्डिंग स्कूल में आ गयीं। उन्होंने फर्ग्युशन कॉलेज से दर्शनशास्त्र की पढ़ाई शुरू की। साल 1926 में उन्होंने दर्शनशास्त्र में स्नातक की डिग्री प्राप्त की। इसके अतिरिक्त उन्होंने बॉम्बे यूनिवर्सिटी में समाजशास्त्र की पढ़ाई करने के लिए फेलोशिप हासिल की।

इरावती कर्वे ने अपना शोधकार्य समाजशास्त्री डॉ. जीएस घुर्ये के मार्गदर्शन में किया था। साल 1928 में उन्होंने अपनी थीसिस लिखी। इरावती कर्वे का विवाह डॉ. दिनकर धोंडो कर्वे के साथ हुआ था। उनके पति रसायन शास्त्र के शिक्षक थे। वह हमेशा खुद को पढ़ाई में व्यस्त रखा करती थीं।

इरावती कर्वे आगे की पढ़ाई के लिए विदेश चली गयीं। उनके इस कदम का उनके ससुराल में विरोध भी हुआ था। गौरतलब है कि कर्वे ने ऐसे समय में विदेश जाकर पढ़ाई

की थी जब महिलाओं के लिए बाहर जाकर पढ़ना एक असामान्य बात मानी जाती थी। साल 1928-1930 में इरावती कर्वे ने जर्मनी की बर्लिन यूनिवर्सिटी से डॉक्टरेट की डिग्री प्राप्त की। उनका यह शोधकार्य सामान्य विषमता पर था।

इरावती कर्वे ने साल 1931 से 1936 तक बॉम्बे मे एसएनडीटी महिला विश्वविद्यालय में एक प्रशासक के रूप में काम किया था। उसके बाद कर्वे 1939 में समाजशास्त्र में एक रीडर के रूप में पुणे के डेक्कन कॉलेज से जुड़ीं। उनकी मानवशास्त्र, इंडोलॉजी, के साथ-साथ लोक गीतों को एकत्र करने, नारीवादी कविता का अनुवाद करने में गहरी रूचि थी। उन्होंने वर्षों तक पुणे के डेक्कक कॉलेज में समाजशास्त्र और मानवशास्त्र विभाग के प्रमुख के रूप में काम किया था।

इरावती कर्वे ने अंग्रेजी और मराठी दोंनो भाषाओं में समाजशास्त्र और मानवशास्त्र से संबंधित विषयों के साथ-साथ गैर-वैज्ञानिक विषयों पर भी लिखा था। मराठी साहित्य में उनके द्वारा किए गए कामों की वजह से महाराष्ट्र में उन्होंने एक खास पहचान बनाई। इरावती कर्वे का मराठी साहित्य में महत्वपूर्ण योगदान रहा है। वहीं, अंतरराष्ट्रीय स्तर पर उनके द्वारा किए गए भारत में विभिन्न सामाजिक संस्थानों के अध्ययन और देश में रिश्तेदारी पर उनकी पुस्तक के माध्यम से वह जानी जाती हैं।

इरावती द्वारा किए गए शोध कार्य

इरावती कर्वे ने अपनी कृति में भारत को चार क्षेत्रों में बांटकर उनका तुलनात्मक अध्ययन किया। साथ ही इसमें उन्होंने भारत के अलग-अलग इलाकों से इकट्ठा की गई जानकारियों का इस्तेमाल किया है। इस कृति में उन्होंने हिन्दू धर्म की अलग तरह की व्याख्या पेश की है। इनके विचार हिन्दू समाज में जाति व्यवस्था के साथ-साथ नातेदारी व्यवस्था पर

भी केंद्रित थे। कर्वे ने हिन्दू समाज का गहन अध्ययन किया है। इस अध्ययन के आंकड़े उन्होंने अपनी यात्राओं से इकट्ठे किए थे। उन्होंने इस पर शोध करने के लिए हिंदी, मराठी, पाली प्राकृतिक भाषाओं का अध्ययन किया। हिन्दू समाज की आंतरिक अखंडता की व्याख्या करने के लिए कर्वे ने हिन्दू पौराणिक कथाओं का संबंध भारतीय आधुनिक रीति रिवाजों से जोड़ा था।

इरावती कर्वे भारत की पहली ऐसी समाजशास्त्री महिला हैं जो कम उम्र में ही नारीवादी संस्कृति और सामाजिक व्यवस्था पर टिप्पणियों में जाति व्यवस्था के शोध के लिए जानी जाती हैं। उनके द्वारा किए गए कई कार्यों और अध्ययनों में महिलाओं की स्थितियों को शामिल किया गया है। वह हमेशा से महिलाओं के मुद्दों के मामले में मुखर थीं। इसके अलावा उन्होंने कई ज़रूरी विषयों पर काम किया और उल्लेखनीय लेख लिखे।

ग्रामीण इलाकों का अध्ययन

इरावती कर्वे ने भारत में सामाजिक संरचना का पता लगाने के लिए ग्रामीण और शहरी जीवन का पता लगाया। कर्वे ने मूल रूप से भारतीय समाज की संरचना जैसे ग्राम समुदाय में समूह संबंध, बढ़ते शहर और उसके आसपास के क्षेत्र की सामाजिक गतिशीलता के अलावा भारत में रिश्तेदारी संगठन (किनशिप) को लेकर गहन अध्ययन किया था। उन्होंने ग्राम समुदाय के ऊपर अध्ययन करने के लिए पश्चिमी महाराष्ट्र के गांवों को चुना, अध्ययन के लिए चुने गए गावों में लोगों से उन्होंने बातचीत की। ये परिवार अलग-अलग जातियों से थे। साक्षात्कार के दौरान उन्होंने पाया कि शिक्षा के मामले में उनकी स्थिति बेहद खराब थी। दलितों और आदिवासियों के मुकाबले स्वर्ण जाति से आने वाले लोग अधिक साक्षर थे।

कर्वे द्वारा किए गए अध्ययन के मुताबिक अतिथि सत्कार की बात करें तो ये सभी जातियों में केवल सगे-संबंधियों के लिए होता था लेकिन विवाह के दौरान कृषकों और पेशेवरों द्वारा लगभग पूरे गांव को भोजन कराया जाता था। हालांकि, ये गतिविधि सभी तरह से दलितों और अन्य पिछड़ी जातियों के बीच रिश्तेदारी और जाति तक ही सीमित थी। वहीं, ग्रामीण समुदाय में कई ऐसे काम होते हैं जिससे लोगों को मदद लेनी पड़ती है। लेकिन ये सहायता भी रिश्तेदारी और जाति के लोगों तक ही सीमित थी, क्योंकि जाति के बाहर मदद मिलने के बहुत कम मौके होते थे। दोस्ती से लेकर मनोरंजन तक की सभी चीजें अपने जाति और खून-शादी संबंधित रिश्तों में होते थे। इरावती कर्वे के मुताबिक अधिकतर ग्रामीण लोग गांव को छोड़ना पसंद नहीं करते भले ही उनके बच्चे किसी भी कारण शहर या विदेशों में जाकर बस गए हों। इसके अलावा अनुसूचित जातियों का ग्रामीण अर्थव्यवस्था में कोई स्थान नहीं था।

बढ़ते शहर की ओर

ग्रामीण समुदाय में संबंध के बाद कर्वे और उनके सहयोगियों ने बढ़ते शहरों में सामाजिक गतिशीलता का पता करने के लिए अध्ययन किया। यह योजना आयोग, भारत सरकार के अनुसंधान कार्यक्रम समिति द्वारा करवाया गया था। कर्वे और रणदिवे ने वर्ष 1965 में सात मील से कम के दायरे में सतारा ज़िले के फलटन शहर और फलटन के आसपास के 23 गांवों में एक बढ़ते शहर और उसके आसपास के क्षेत्र की सामाजिक गतिशीलता पर एक अध्ययन किया। अध्ययन के मुताबिक एक छोटा शहर यानी क़स्बा दो चरम सीमाओं के बीच एक भूमिका निभाता प्रतीत होता है। ये शहर भीड़भाड़ वाले और साफ-सुथरे होते हैं, इसके अलावा शहर गाँव से बिलकुल अलग-थलग छोटा और अंतरंग समाज है। हालांकि, शहर और गांव के बीच एक संचार चैनल हमेशा होता।

कर्वे ने लंदन विश्वविद्यालय के स्कूल ऑफ ओरिएंटल एंड अफ्रीकन स्टडीज के निवेदन पर पुस्तक का पहला मसौदा लिखा था। इसमें कुल नौ अध्यायों को शामिल किया गया है। कर्वे द्वारा रिश्ते-नातेदारी पर किया गया यह अध्ययन संस्कृत, पाली, अर्धमागधी, हिंदी, गुजराती, मराठी और मैथिली में व्यक्तिगत पूछताछ पर आधारित है। "भारत में रिश्तेदारी संगठन" वर्ष 1953 में पहली बार प्रकाशित हुआ और भारतीय परिवार-संरचना पर मानक कार्य बन गया है। कर्वे द्वारा वर्णित रिश्तेदारी संगठन की कई विशेषताएं हैं जिनको ध्यान में रख कर ही भारत में नाते रिश्तेदारी संगठन को समझा जा सकता है। कर्वे के मुताबिक भारतीय संस्कृति में तीसरा महत्वपूर्ण कारक परिवार है। यहां परिवार का अर्थ संयुक्त परिवार से है।

11 अगस्त 1970 को इरावती कर्वे ने इस दुनिया को हमेशा के लिए अलविदा कह दिया था। एक समाजशास्त्री और मानवविज्ञानी के तौर पर इरावती कर्वे ने महत्वपूर्ण योगदान दिया है जिसको भुलाया नहीं जा सकता है। इरावती कर्वे, उन अग्रणी महिलाओं में से है जिन्होंने अनुसंधान क्षेत्र में महिलाओं का प्रतिनिधित्व किया था। उन्होंने भारत के भीतरी इलाकों और मुद्दों को अपने अध्ययन कार्यों में शामिल किया।

जिसने दलहन में क्रांति की

प्रो. कमला सोहिनी

(1911-1998)

तमाम अन्य क्षेत्रों की तरह विज्ञान के क्षेत्र में भी एक लंबे अर्से से भारत समेत पूरी दुनिया में महिलाओं के साथ भेदभाव होता रहा है। हालांकि न्याय और लैंगिक समानता को लेकर आई सामाजिक जागरूकता के कारण पहले की बनिस्पत स्थिति में थोड़ा सुधार जरूर हुआ है। लेकिन यह बात उन दिनों की है जब स्थितियाँ आज से काफी अलग थीं। देश अंग्रेजों का गुलाम था और भारतीय परिवारों के दाकियानूसी, सामंती और पुरुष वर्चस्व वाले सामाजिक ढांचे की वजह से महिलाओं की स्थिति काफ़ी दयनीय थी। लेकिन इन विपरीत परिस्थितियों के बावजूद भारतीय विज्ञान के फलक पर कई ऐसी महिलाएं आईं, जिन्होंने अपनी वैज्ञानिक प्रतिभा का लोहा पूरी दुनिया को मनवाया। इन्हीं वैज्ञानिकों में से एक वह लड़की थी, जिसे इंडियन इंस्टीट्यूट ऑफ साइंसेज ने महिला होने के नाते दाखिला देने से मना कर दिया था। लेकिन उसने भी हार नहीं मानी और अपनी जिद पर अड़ी रही, जिससे वहां के प्रशासन को झुकना पड़ा। उनका नाम है- कमला सोहोनी।

कमला का जन्म 18 जून, 1911 को मध्य प्रदेश के इंदौर शहर में एक उच्च शिक्षित परिवार में हुआ था। उनके पिता नारायणराव भागवत और उनके चाचा माधवराव भागवत दोनों ही रसायन विज्ञानी थे, जिन्होंने टाटा इंस्टीट्यूट ऑफ साइंसेज में रसायन विज्ञान का अध्ययन किया था। नन्हीं कमला इन दोनों के रसायन विज्ञान के प्रति समर्पण और परिवार के अन्य सदस्यों से इनकी प्रशंसा सुनते हुए बड़ी हुई। इसलिए ऐसे विज्ञानमय माहौल में यह स्वाभाविक ही था कि कमला की दिलचस्पी विज्ञान के अध्ययन में पैदा हुई।

बचपन से ही पढ़ाई-लिखाई में काफी होशियार कमला ने अपनी स्कूली शिक्षा पूरी करने के बाद बंबई विश्वविद्यालय के प्रसिद्ध सेंट जेवियर्स कॉलेज में दाखिला लिया और अपनी मेधा का परिचय देते हुए भौतिकी और रसायन विज्ञान में सबसे ज्यादा नंबरों के साथ 1933 में बी.एस.सी. की डिग्री हासिल की। कमला और उनके परिवार दोनों की इच्छा थी कि वह विज्ञान के क्षेत्र में अपना कैरियर बनाएं। लिहाजा, पिता और चाचा के नक्शेकदम पर चलते हुए कमला ने मास्टर्स कोर्स के लिए प्रसिद्ध इंडियन इंस्टीट्यूट ऑफ साइंसेज में रिसर्च फेलोशिप के लिए आवेदन किया। उस दौर में आईआईएससी की क्या प्रतिष्ठा थी, इसका अंदाजा इसी बात से लगाया जा सकता है कि इस शोध-संस्थान के निदेशक विज्ञान के क्षेत्र में एशिया के पहले नोबेल पुरस्कार विजेता विश्व विख्यात वैज्ञानिक सर चंद्रशेखर वेंकट रामन थे। लेकिन जैसा कि ऊपर बताया गया, यहाँ प्रवेश के लिए उन्हें संघर्ष करना पड़ा। जब सारी शर्तों के पूरा करने के बाद भी उनका एडमिशन नहीं हुआ तो वह धरने पर बैठ गयीं। इसके बाद आखिरकार रामन को कमला के गांधी प्रेरित सत्याग्रह के आगे झुकना ही पड़ा। लेकिन यों ही नहीं, उसके सामने तीन शर्तें रखी गयीं। 1. कमला को एक साल तक प्रोबेशन पर रहकर शोध करना होगा, यानी उन्हें एक नियमित विद्यार्थी के रूप में दाखिला नहीं दिया जाएगा। एक साल तक उनकी प्रगति को देखने के बाद निर्णय लिया जाएगा 2. उन्हें अपने मार्गदर्शक की देखरेख में देर रात तक काम करना होगा और 3. वह किसी भी तरह से प्रयोगशाला का माहौल खराब नहीं

करेंगी। इन सख्त और अपमानजनक शर्तों को मानने के अलावा 22 वर्षीय कमला के पास और कोई चारा नहीं था। लेकिन इन शर्तों के लिए कमला ताउम्र रामन को माफ नहीं कर पाईं। लेकिन कमला इंडियन इंस्टीट्यूट ऑफ साइंसेज में दाखिला लेने वाली पहली महिला शोधार्थी बन गईं। आईआईएससी में कमला ने अपने शिक्षक श्रीनिवासैय्या के मार्गदर्शन में दूध, दलहन और फलियों में पाए जाने वाले प्रोटीन और नॉन प्रोटीन पर गहन अध्ययन किया। शोध के प्रति उनके अथक समर्पण और परिश्रम से श्रीनिवासैय्या और रामन काफी प्रभावित हुए। एक साल बाद रामन ने कमला को एक नियमित छात्र के रूप में बायोकेमिस्ट्री में शोध करने की अनुमति दे दी।

कमला ने प्रोटीन पर किए अपने मौलिक शोध पर आधारित रिसर्च थीसिस को बंबई विश्वविद्यालय में प्रस्तुत कर 1936 में एम.एस.सी. की डिग्री प्राप्त की। इसके बाद, उन्होंने पीएचडी करने के लिए ब्रिटेन के प्रतिष्ठित कैंब्रिज यूनिर्विसटी से रिसर्च स्कॉलरशिप हासिल की। कैंब्रिज में उन्होंने प्रसिद्ध न्यूरोकेमिस्ट डॉ. डेरेक रिक्टर और डॉ. रॉबिन हिल के साथ आलू और अन्य पौधों के ऊतकों पर शोध-कार्य किया। अपने शोध के दौरान कमला ने पाया कि पौधों के ऊतक की हर कोशिका में 'साइटोक्रोम सी' नाम का एक खास एंजाइम मौजूद होता है, जो पौधों की कोशिकाओं को ऑक्सीजन पहुंचाने का काम करता है। यह वनस्पति विज्ञान से जुड़ी एक मौलिक खोज थी।

विश्व के महान वैज्ञानिकों के मार्गदर्शन में शोध करने का उनका सपना तब पूरा हुआ जब उन्हें दो स्कॉलरशिप्स मिलीं। पहली स्कॉलरशिप के तहत उन्हें नोबेल पुरस्कार विजेता प्रो. फ्रेडरिक जी. हॉपकिंस की प्रसिद्ध प्रयोगशाला में ऑक्सीकरण और अपचयन (रिडक्शन) पर शोध करने करने का मौका मिला। दूसरी स्कॉलरशिप अमेरिकन फेडरेशन ऑफ यूनिर्विसटी विमेन से प्राप्त ट्रैवलिंग फैलोशिप थी जिसके तहत कमला को यूरोप की यात्रा कर वहाँ के प्रसिद्ध वैज्ञानिकों से मिलने का मौका मिला।

कैंब्रिज में बिताया समय कमला के पूरे वैज्ञानिक कैरियर का सबसे सुनहरा दौर था। वहां से उन्होंने प्रो. हॉपकिंस के मार्गदर्शन में यूनिवर्सिटी पहुंचने के 14 महीने से भी कम समय में उन्होंने अपनी पीएचडी डिग्री के लिए साइटोक्रोम सी की खोज का वर्णन करते हुए एक थीसिस प्रस्तुत की। उनकी यह थीसिस महज 40 पन्नों की थी, लेकिन उसकी गुणवत्ता ने रिव्यू कमेटी के सदस्यों को काफी प्रभावित किया और उन्होंने कमला की थीसिस को पीएचडी के लिए स्वीकार कर लिया। आज कमला को विज्ञान में डॉक्टरेट प्राप्त करने वाली पहली भारतीय महिला के रूप में जाना जाता है। हालांकि सही तथ्य यह है कि कमला से काफी पहले वनस्पतिशास्त्री जानकी अम्माल ने 1931 में यूनिवर्सिटी ऑफ मिशिगन से डॉक्टरेट की उपाधि प्राप्त कर ली थी।

डॉक्टरेट हासिल करने के बाद कमला अपने देश की सेवा करने के लिए 1939 में भारत लौट आईं। उन्होंने लेडी हार्डिंग कॉलेज, नई दिल्ली में बायोकेमिस्ट्री डिपार्टमेंट के प्रमुख के रूप में काम शुरू किया, लेकिन वहाँ कार्यरत उनके ज़्यादातर पुरुष सहकर्मी एक महिला को अपने विभाग के प्रमुख के रूप में नहीं स्वीकार कर पा रहे थे। लैंगिक भेदभाव से परेशान होकर कमला ने लेडी हार्डिंग कॉलेज से इस्तीफा दे दिया।

इसके बाद उन्होंने न्यूट्रिशन रिसर्च इंस्टीट्यूट, कुन्नूर में सहायक निदेशक के रूप में काम करते हुए विटामिनों के प्रभाव पर शोध किया और अनेक जर्नलों में अपने शोधपत्र भी छपवाए। लेकिन अपने कैरियर में आगे बढ़ने के लिए स्पष्ट अवसरों की कमी को देखते हुए उन्होंने अपने पद से इस्तीफा दे दिया। इसी दौरान कमला ने पेशे से बीमा व्यवसायी माधव वी। सोहोनी से शादी कर ली और 1947 में मुंबई आ गईं।

मुंबई में कमला ने रॉयल इंस्टीट्यूट ऑफ साइंस में बतौर प्रोफेसर दलहन और फलियों के पोषण संबंधी पहलुओं और धान के आटे पर भी महत्वपूर्ण काम किया।

उन्होंने कुपोषित और गरीब वर्ग के लोगों को लाभ पहुंचाने के लिए अभूतपूर्व शोधकार्य किए। भारत के तत्कालीन राष्ट्रपति डॉ. राजेन्द्र प्रसाद के सुझाव पर कमला ने 'नीरा' पर शोध शुरू किया। नीरा ताड़ और खजूर के पेड़ से मिलने वाला एक मीठा और पौष्टिक पेय पदार्थ होता है। कमला ने अपने शोध से यह पता लगाया कि नीरा में विटामिन ए, विटामिन सी और आयरन की महत्वपूर्ण मात्रा पाई जाती है और इसको आहार में शामिल करके कुपोषण और अन्य बीमारियों से लड़ा जा सकता है। कमला के निर्देशन में जब शोधकर्ताओं की एक टीम द्वारा कुपोषित आदिवासी किशोरों और गर्भवती महिलाओं को नियमित रूप से नीरा का सेवन करवाया गया, तो उनकी सेहत में उल्लेखनीय सुधार दर्ज की गई। इस महत्वपूर्ण काम के लिए कमला को डॉ. राजेंद्र प्रसाद ने राष्ट्रपति पुरस्कार से सम्मानित किया।

वह बॉम्बे आरे मिल्क प्रोजेक्ट फैक्ट्री की सलाहकार भी बनीं और दूध को फटने से रोकने के लिए एक प्रोटोकॉल विकसित किया। कमला एक अच्छी विज्ञान लेखिका भी थीं, उन्होंने अपनी मातृभाषा मराठी में कई किताबें लिखीं। इसके अलावा, वह भारत की कंज़्यूमर गाइडेंस सोसाइटी की संस्थापक सदस्य थीं। 1966 में नौ महिलाओं द्वारा स्थापित, सीजीएसआई भारत का सबसे पहला उपभोक्ता संरक्षण संगठन था। इस तरह उन्होंने एक वैज्ञानिक की सीमाओं से कहीं ज्यादा आगे बढ़कर अपने देश के लोगों की जीवन की गुणवत्ता में सुधार लाने का प्रयास किया।

एक भरपूर जिंदगी जीने के बाद 28 जून, 1998 को 87 साल की उम्र में कमला सोहोनी का निधन हो गया। आज भले ही कमला हमारे बीच में नहीं हैं, लेकिन एक महिला वैज्ञानिक के रूप में लैंगिक भेदभाव के खिलाफ उनके द्वारा लड़ी गई लड़ाई उन हजारों महिलाओं के लिए प्रेरणा का एक स्रोत है, जो अपनी प्रतिभा और मेहनत के दम पर पुरुषों के वर्चस्व वाली विज्ञान की दुनिया में अपनी जगह बनाना चाहती हैं।

भौतिकशास्त्री, जिनके काम पर
किसी और को मिला नोबेल !

बिभा चौधुरी

(1913-1991)

विज्ञान के क्षेत्र में पुरुषों के योगदान की कहानियां तो आपने बहुत सुनी होंगी, लेकिन महिलाओं के योगदान की कहानियां गिनी-चुनी ही हैं। इन्हीं गिने-चुने नामों में से एक नाम है—बिभा चौधुरी। बहुत कम लोग जानते होंगे कि वह उन पहली पंक्ति के भारतीय भौतिक वैज्ञानिकों में से थीं, जो नोबेल पुरस्कार जीतने से चूक गईं। शायद क़िस्मत उनके साथ नहीं थी, लेकिन उन्होंने हिम्मत नहीं हारी। वह पार्टिकल फिजिक्स और ब्रह्मांडीय किरणों के अध्ययन में महत्वपूर्ण योगदान करने वाली महिला वैज्ञानिक बन गईं। वह एक अकेली भारतीय महिला वैज्ञानिक हैं, जिनके नाम पर एक तारे का नाम रखा गया है।

शुरुआती जीवन बिभा चौधुरी का जन्म सन् 1913 में कोलकाता के एक ज़मींदार परिवार में हुआ था। बिभा के पिता डॉक्टर थे। जबकि उनकी मां का परिवार ब्रह्म समाज का अनुयायी था जो सामाजिक सुधार और महिलाओं में शिक्षा के प्रसार की वक़ालत करता था। अर्थात शिक्षा और स्त्री जागरूकता का एक माहौल बिभा को विरासत में मिली। उन्होंने ने कलकत्ता विश्वविद्यालय से एमएससी की डिग्री हासिल की। उस समय में

बीएससी की डिग्री हासिल करना भी मामूली बात नहीं हुआ करती थी। इसका अनुमान इस बात से लगाइए कि 24 छात्रों की कक्षा में, बिभा चौधुरी अकेली छात्रा थीं।

बोस और चौधुरी

बिभा चौधुरी ने वैज्ञानिक के रूप में अपने करिअर की शुरुआत भौतिक वैज्ञानिक देवेंद्र मोहन बोस के साथ की। देवेन्द्र मोहन बोस प्रख्यात वैज्ञानिक जगदीश चंद्र बोस के भतीजे थे। शुरुआती हिचक के बाद, बोस ने उन्हें कलकत्ता विश्वविद्यालय में अपने शोधार्थियों में शामिल होने की इजाज़त दे दी। जब बोस को 1937 में कोलकाता में "बोस संस्थान" के निदेशक के रूप में नियुक्त किया गया तो विभा और उनके अन्य शोध-छात्र भी बोस के साथ उसी संस्थान में शामिल हो गए। इसी संस्थान में उन्होंने अपना बेमिसाल काम किया।

बोस और चौधुरी ने सन् 1938 में ब्रह्मांडीय किरणों पर अपना शोध-कार्य शुरू किया। यह किरणें उच्च ऊर्जा वाले कण हैं, जो बाहरी अंतरिक्ष से सौर मंडल में प्रवेश करते हैं। इनका अध्ययन करने के लिए, उन्होंने फ़ोटोग्राफ़िक प्लेटों का उपयोग किया, क्योंकि ये अत्यधिक आवेशित कण, जब फोटोग्राफिक प्लेटों से गुजरते हैं, तो एक ट्रैक छोड़ते हैं, जिसे बाद में विकसित की जा सकने वाली छवियों में जांचा जा सकता है। इस पर काम करते हुए, उन्होंने 'मेसन' नाम के एक उप-परमाणु कण की खोज में महत्वपूर्ण योगदान किया। क्योंकि तब तक महज़ उनके वजूद के बारे में ही पता था। दरअसल, कणों के लगभग सटीक माप तक पहुंचने वाले भी बोस और चौधुरी ही थे।

अगर ज़रूरी प्लेट मिल जाती

उन्होंने "नेचर" नाम की पत्रिका में अपने शोध-कार्य पर चार लेख लिखे। इस खोजे गए कणों की और ज़्यादा जांच-पड़ताल करने के लिए फुल-टोन फ़ोटोग्राफ़िक प्लेट्स की आवश्यकता थी। इसके पहले वे हॉफ़-टोन फ़ोटोग्राफ़िक प्लेट्स का इस्तेमाल कर रहे थे। लेकिन उन्हें जिन प्लेटों की जरूरत थी, वे दूसरे विश्व युद्ध की वजह से भारत में उपलब्ध नहीं थीं और उन्हें अपना ड्रीम प्रोजेक्ट छोड़ना पड़ा।

कुछ साल बाद, ब्रिटिश भौतिक वैज्ञानिक सेसिल फ्रैंक पॉवेल ने बेहतर, फ़ुल-टोन फोटोग्राफ़िक प्लेटों का उपयोग करके पी-मेसन (पियोन) की खोज के साथ मेसन के अस्तित्व की पुष्टि करने के लिए ठीक उसी विधि का उपयोग किया। पॉवेल को सन 1950 को भौतिकी में नोबेल पुरस्कार से सम्मानित किया गया था, लेकिन वह अपनी पुस्तक द् स्टडी ऑफ़ एलीमेंट्री पार्टिकल्स बाय द् फ़ोटोग्राफ़िक मेथड (1959) में इस बात का ज़िक्र करना नहीं भूले कि इस क्षेत्र में पहले प्रयास के रूप में इस विधि का विकास बोस और चौधुरी ने किया था। इस दौरान चौधुरी मैनचेस्टर, इंग्लैंड में नोबेल पुरस्कार विजेता भौतिक वैज्ञानिक पैट्रिक ब्लैकेट की देखरेख में पीएचडी कर रहीं थीं।

भारत में प्रसिद्ध परमाणु भौतिक वैज्ञानिक होमी जे. भाभा ने बॉम्बे में नए स्थापित हुए टाटा इंस्टीट्यूट ऑफ़ फ़ंडामेंटल रिसर्च के लिए युवा वैज्ञानिकों की तलाश कर रहे थे। भाभा ने बिभा चौधुरी को टीआईएफ़आर में नौकरी दी और इस तरह वह संस्थान में शामिल होने वाली पहली महिला बन गईं।

लगभग पांच वर्षों तक टीआईएफआर में काम करने के बाद, चौधुरी दूसरे प्रतिष्ठित संस्थान, भौतिक अनुसंधान प्रयोगशाला (पीआरएल), अहमदाबाद में शामिल हो गईं और प्रख्यात भारतीय भौतिक वैज्ञानिक डॉ. विक्रम साराभाई के साथ काम करने लगीं।

बिभा चौधुरी सन् 1960 के दशक में कोलार गोल्ड फील्ड्स में कॉस्मिक किरण "म्यूऑन" के अध्ययन से संबंधित प्रयोग किए गए जो इलेक्ट्रॉनों के समान एक प्राथमिक कण थे। ये खदानें सैकड़ों फ़ुट गहरी थीं और इन "म्यूऑन" का अध्ययन करने के लिए यह एकदम मुनासिब जगह थी। कोलार में प्रयोग के बाद, चौधुरी ने साराभाई के साथ अपने भविष्य के शोध और प्रयोगों पर चर्चा की। लेकिन दुर्भाग्य से जल्द ही साराभाई की मृत्यु हो गई और टीआईएफ़आर के नए निदेशक ने उन्हें आगे कोई शोध करने की अनुमति नहीं दी। इस तरह दूसरी बार, चौधुरी का सपना अधूरा रह गया। बिभा चौधुरी का वैज्ञानिक जीवन इस तरह की दुर्घटनाओं से भरा है। अगर उन्हें शोध की ज़रूरी सुविधाएँ और अवसर मिलता तो हिंदुस्तान भौतिकी के क्षेत्र में किसी और मुकाम पर होता।

अफ़सोस की बात है कि उन्हें अपने करिअर के एक महत्वपूर्ण मोड़ पर, एक बार फिर परियोजना को छोड़ना पड़ा। इसके पहले बोस संस्थान में भी उन्हें अपनी परियोजना छोड़नी पड़ी थी। उन्होंने अंततः स्वैच्छिक सेवानिवृत्ति ले ली और उच्च ऊर्जा भौतिकी पर अपना काम जारी रखने के लिए कोलकाता चली गईं। वह साहा इंस्टीट्यूट ऑफ़ न्यूक्लियर फ़िज़िक्स और इंडियन एसोसिएशन फ़ॉर द कल्टीवेशन ऑफ़ साइंस के साथ जुड़ गईं।

किसी सितारे का नाम बिभा है

सन 1991में विभा चौधुरी का देहांत हो गया। दुख की बात यह है कि अपने जीवनकाल के दौरान, उन्हें उनके काम और भौतिकी में योगदान के लिए कोई मान्यता नहीं मिली। लेकिन इसके बाद चौधुरी को दो बड़े सम्मान मिले। सन 2019 में, अंतर्राष्ट्रीय

खगोलीय संघ, जो ग्रहों के पिंडों के नाम रखता है, ने एक सार्वजनिक प्रतियोगिता के माध्यम से पीले-सफ़ेद बौने तारे एचडी 86081 का नाम बदलकर 'बिभा' रख दिया। उसके अगले वर्ष, भारत सरकार के महिला एवं बाल विकास मंत्रालय ने भारतीय महिला वैज्ञानिकों के सम्मान में स्थापित, 11 पीठों में से एक का नाम चौधुरी के नाम पर रखा। सचाई यह है कि विज्ञान और भौतिकी के क्षेत्र में महिलाओं की हिस्सेदारी जैसे-जैसे बढ़ेगी बिभा चौधुरी का महत्त्व बढ़ता जाएगा।

जैव रसायनशास्त्री मलेरिया-रोधी और
कीमोथेरेपी की दवाएं बनाईं

असीमा चटर्जी

(1917-2006)

साइंस की दुनिया में भारत के कई वैज्ञानिकों ने अपना परचम लहराया है और अपनी खोज से पृथ्वी के विकास में योगदान दिया है। हालांकि यह फील्ड हमेशा से ही मेल डोमिनटेड रही है। क्योकि भारत के अंदर 20वीं सदीं तक महिलाओं को एक तरह से घर में कैद करके रखा जाता था, लेकिन इसके बाद भी इन सामाजिक बेड़ियों को तोड़कर कई महिलाओं ने साइंस की दुनिया में अलग मुकाम हासिल किया। इन महिलाओं में असीमा चटर्जी का नाम ख़ास है। असीमा चटर्जी एक जानी-मानी जैव रसायनशास्त्री थीं। उन्हें कार्बनिक रसायन और मेडिसिन के क्षेत्र में अभूतपूर्व योगदान के लिए जाना जाता है। उन्होंने कई ख़तरनाक बीमारियों से लड़ने की दवाएँ बनाईं, जिससे लोगों की जिंदगियाँ बचायी जा सकें।

प्रारंभिक जीवन

असीमा चटर्जी का जन्म 23 सितंबर 1917 को बंगाल में हुआ था। उनके पिता इंद्र नारायण मुखर्जी एक डॉक्टर थे और वहीं इनकी माता कमला देवी थीं। उनका परिवार एक मध्यमवर्गीय परिवार था, जिसमें उन्हें शिक्षा के क्षेत्र में जाने के लिए प्रोत्साहित किया गया। उनके पिता वनस्पति विज्ञान में बहुत रुचि रखते थे और चटर्जी ने उनकी रुचि में हिस्सा लिया। जिसके बाद असीमा ने रसायन शास्त्र में स्कॉटिश चर्च कॉलेज से स्नातक डिग्री पूरी की। वह विज्ञान में डॉक्टरेट हासिल करने वाली पहली भारतीय महिला थीं। उनका डॉक्टरेट रिसर्च पादप उत्पादों के रसायन विज्ञान और सिंथेटिक कार्बनिक रसायन पर केंद्रित था। 2006 में 90 साल की उम्र में वह इस दुनिया से चली गईं।

असीमा का योगदान

आसीमा चटर्जी ने अपना शोध प्राकृतिक उत्पादों के रसायन विज्ञान पर ध्यान केंद्रित किया और इसके परिणामस्वरूप मलेरिया-रोधी और कीमोथेरेपी की दवाएं विकसित कीं। देश आजाद हुआ तब 1954 में वो विज्ञान विभाग में रीडर के रूप में नियुक्त हुईं जहां वह अंतिम समय तक रहीं। एक दशक के बाद वे अति सम्माननीय चेयर, खैरा प्रोफेसर चेयर पद पर पदासीन हुईं।

उनका काम प्राकृतिक उत्पादों की कैमिस्ट्री रिसर्च का था। उनके मेहनत से भारतीय दवाओं के क्षेत्र में अभूतपूर्व कार्य किया, वो जीवनपर्यन्त इस पद पर रही। यही उन्होंने 'मारसीलिया माइनुटा' नाम की एंटी ऐपिलैप्टिक दवा का निमार्ण भी उन्होंने ही किया था। जिससे मलेरिया निवारक दवाओं का विकास आ। उनकी बनायी दवा भारत में मलेरिया

नियंत्रण में कामयाब रही है। उन्होंने विभिन्न अल्कलॉइड यौगिकों पर शोध करते हुए लगभग चालीस वर्ष बिताए। असीमा चटर्जी ने लगभग 400 पत्र भी लिखे जो राष्ट्रीय और अंतरराष्ट्रीय दोनों पत्रिकाओं में प्रकाशित हुए। असीमा चटर्जी की खोजों ने भारत को मेडिसिन के क्षेत्र में स्वावलंबी बनाने में बड़ा योग दिया।

जिनके प्रयासों से भारत मौसम की भविष्यवाणी में सक्षम हुआ।

अन्ना मणि

(1918-2001)

बहुत कम लोग जानते हैं कि भारत की एक महिला वैज्ञानिक ने मौसम विज्ञान से जुड़ी ऐसी बेहतरीन खोज की थी, जिसकी वजह से आज हम मौसम का इतना सटीक अनुमान लगा पाते हैं। इनका नाम था—अन्ना मणि। अन्ना मणि को आज पूरा विश्व याद कर रहा है। उनका नाम और उनके काम देश ही नहीं, बल्कि दुनिया के लिए कितने अहम हैं, इसका अंदाज़ा इस बात से ही लगाया जा सकता है कि गूगल ने उनकी 104वीं जयंति पर एक विशेष डूडल बनाया।

अन्ना मणि, भारतीय मौसम विभाग की पूर्व उप महानिदेशक थीं और उन्होंने सोलर रेडिएशन, ओज़ोन और पवन ऊर्जा उपकरण के क्षेत्र में अपने बेहतरीन से आगे आने वाले वैज्ञानिकों का काम आसान बना दिया। उन्होंने मौसम पर नज़र रखने और सही अनुमान लगाने वाले उपकरणों को डिज़ाइन करने में अहम भूमिका निभाई है। आज मौसम का पूर्वानुमान लगाना अगर संभव हो पाया है, तो सिर्फ अन्ना मणि की वजह से ही है।

अन्ना मणि का जन्म 23 अगस्त, 1918 को केरल में हुआ था। उनके पिता एक सिविल इंजीनियर थे। एक संपन्न परिवार में जन्मीं मणि जब छोटी थीं, तब उन्होंने एक डांसर बनने का सपना देखा था। लेकिन तब डांस को करियर के तौर पर नहीं देखा जाता था और उनका परिवार चाहता था कि वह पढ़ाई करके कुछ अच्छा करें, अपना करियर बनाएं, जिसके बाद उन्होंने भौतिकी में करियर बनाने का फैसला किया।

साल 1939 में उन्होंने मद्रास के प्रेसिडेंसी कॉलेज से भौतिक और रसायन विज्ञान में ग्रेजुएशन की डिग्री हासिल की और 1940 में भारतीय विज्ञान संस्थान, बैंगलोर में रिचर्स के लिए स्कॉलरशिप हासिल की। इस दौरान वह पीएचडी करने के लिए लन्दन के इंपीरियल कॉलेज चली गईं।

गाँधी से प्रभावित थीं अन्ना मणि

लंदन में ही उन्होंने मौसम संबंधी उपकरणों के बारे में ज्यादा पढ़ना शुरू किया। ग्रेजुएशन के बाद उन्होंने पांच शोध पत्न लिखे और अपना पीएचडी रिसर्च पेपर तैयार किया, लेकिन उन्हें पीएचडी की डिग्री नहीं मिली, क्योंकि उनके पास भौतिकी में पोस्ट ग्रैजुएशन की डिग्री नहीं थी। देश की आज़ादी के बाद 1948 में वह लंदन से भारत लौटीं और पुणे के मौसम विभाग में काम करना शुरू किया।

पहली महिला मौसम वैज्ञानिक

अन्ना मणि को 1969 में मौसम विभाग का उप महानिदेशक बना दिया गया। उन्होंने बंगलुरू में अपनी एक वर्कशॉप भी बनाई थी, जहां वह हवा की गति और सौर ऊर्जा को

मापने का काम करती थीं। भारत लौटकर वह गांधीवादी विचारधारा से काफी प्रभावित हुईं, जिसके बाद उन्होंने पूरी जिंदगी गांधी जी के मूल्यों पर ही चलने का फैसला किया। यही कारण था कि वह ज्यादातर खादी के कपड़े ही पहनती थीं। 1976 में वह भारतीय मौसम विभाग के उप-निदेशक पद से रिटायर हुईं। 16 अगस्त 2001 को इस महान वैज्ञानिक का निधन हो गया। उन्होंने अपने कार्यों से भारतीय मौसम विज्ञान और वैकल्पिक ऊर्जा तकनीकों का विकास करने के साथ स्त्रियों के लिए मिसाल बन गयीं।

कर्नाटक की पहली महिला इंजिनियर

राजेश्वरी चटर्जी

(1922-2010)

विज्ञान के साथ सामान्यतः कठिन समझे जाने वाले इंजिनियरिंग के क्षेत्र में भी महिलाओं ने अच्छी शुरुआत की। श्रीमती ए. ललिता भारत की पहली महिला इंजीनियर बनीं। शकुंतला भगत पहली सिविल इंजिनियर बनीं। भारत की पहली महिला इंजीनियर राजेश्वरी चटर्जी ने माइक्रोवेव इंजीनियरिंग और एंटीना इंजीनियरिंग के क्षेत्र में उल्लेखनीय योगदान दिया। उनका जन्म 24 जनवरी, 1922 को कर्नाटक में हुआ था। राजेश्वरी की प्राइमरी एजुकेशन उनकी दादी द्वारा स्थापित एक स्कूल में हुई थी। बाद में उन्होंने उच्च शिक्षा के लिए सेंट्रल कॉलेज ऑफ़ बैंगलोर में दाखिला लिया। यहां से उन्होंने गणित में बीएससी (ऑनर्स) और एमएससी की डिग्री प्राप्त की। वह मैसूर यूनिवर्सिटी में प्रथम स्थान पर रहीं। बीएससी और एमएससी परीक्षाओं में उनके बेहतर प्रदर्शन के लिए उन्हें पुरस्कृत किया गया। एमएससी करने के बाद उन्होंने वर्ष 1943 में संचार के क्षेत्र में तत्कालीन विद्युत प्रौद्योगिकी विभाग में एक शोध छात्र के रूप में भारतीय विज्ञान संस्थान (IISc), बैंगलोर में प्रवेश लिया।

उनके समय में भारतीय महिलाओं को उच्च शिक्षा के लिए विदेश जाने में काफी दिक्कतों का सामना करना पड़ता था, फिर भी राजेश्वरी वर्ष 1950 के दशक में शिक्षा प्राप्त करने के लिए अमेरिका गईं। उन्होंने मिशिगन विश्वविद्यालय में एडमिशन लिया और इलेक्ट्रिकल इंजीनियरिंग विभाग से अपनी मास्टर डिग्री प्राप्त की। वर्ष 1953 में उन्होंने प्रोफेसर विलियम गोल्ड डॉव के मार्गदर्शन में पीएचडी की डिग्री प्राप्त की।

इंजीनियरिंग विभाग की अध्यक्ष

राजेश्वरी पीएचडी की उपाधि प्राप्त कर के वर्ष 1953 में भारत लौट आईं। उन्होंने भारतीय विज्ञान संस्थान (IISc), बैंगलोर में प्रोफेसर के रूप में कार्य किया। बाद में यहीं पर वह इलेक्ट्रिकल कम्युनिकेशन इंजीनियरिंग विभाग की अध्यक्ष बनीं। इस क्षेत्र में स्पेशलिस्ट होने के कारण उन्हें इलेक्ट्रिक चुम्बकय सिद्धांत, इलेक्ट्रॉन ट्यूब सर्किट और माइक्रोवेव प्रौद्योगिकी के क्षेत्र में कार्य करने का मौका मिला।

राजेश्वरी ने अपने ही कॉलेज सहपाठी रहे शिशिर कुमार चटर्जी से शादी की। बाद में उन्होंने अपने पति के साथ माइक्रोवेव अनुसंधान प्रयोगशाला का निर्माण किया और माइक्रोवेव इंजीनियरिंग के क्षेत्र में शोध शुरू किया, जो भारत में इस तरह का पहला शोध था। उन्होंने अपने जीवन में 100 से अधिक शोध पत्र लिखे और सात पुस्तकें लिखीं। वर्ष 1982 में आईआईएससी से सेवानिवृत्त होने के बाद, उन्होंने सामाजिक कार्यक्रमों पर काम किया, जिसमें भारतीय महिला अध्ययन संस्थान भी शामिल है। देश को माइक्रोवेव

इंजीनियरिंग के क्षेत्र में उल्लेखनीय योगदान देने वाली राजेश्वरी का 3 सितम्बर, 2010 को दुनिया को अलविदा कह दिया।

देश में माइक्रोवेव और एंटीना इंजीनियरिंग के क्षेत्र में उनके शानदार योगदान की सराहना करते हुए, केंद्रीय महिला और बाल विकास मंत्रालय ने उन्हें भारत की पहली महिला उपलब्धिकर्ताओं में से एक के रूप में नामित किया। राजेश्वरी चटर्जी की जिज्ञासा और उनका काम हमारे लिए एक मिसाल है।

समुद्र वैज्ञानिक

अदिति पंत

(1943)

भारत में महिलाओं का किसी भी पेशे में आना आसान नहीं होता है। अगर महिलाएं किसी तरह लैंगिक असमानता को तोड़कर किसी पेशे में आती हैं तो वहां पुरुषों ही का वर्चस्व पाती हैं। ख़ासतौर पर विज्ञान और तकनीक के क्षेत्र में महिलाओं को कई स्तर पर लैंगिक भेदभाव का सामना करना पड़ता है। इसके बावजूद विज्ञान में आगे बढ़ने वाली महिलाओं की कमी नहीं है। इन्हीं महिलाओं में से एक महत्त्वपूर्ण नाम है—डॉ. अदिति पंत। अदिति पंत एक समुद्र वैज्ञानिक हैं। वह अंटार्कटिका की यात्रा करने वाली पहली भारतीय महिला हैं।

अदिति पंत का जन्म 5 जुलाई, 1943 में नागपुर में हुआ। उनके पिता अप्पा साहेब पंत राजनयिक थे। उनकी माता का नाम डॉ. नलिनी देवी था जो रॉयल कॉलेज ऑफ सर्जन में फेलो थीं। युवावस्था से ही उनकी विज्ञान में रूचि पैदा होनी शुरू हो गई थी। इसकी वजह उन्होंने हमेशा अपने माता-पिता को बताया तो उन्होंने भी प्रोत्साहित किया। वह कहती हैं कि समुद्र विज्ञान की दिशा में उन्हें प्रोत्साहित करने का श्रेय "द ओपन सी" नाम की एक किताब को है। यह किताब उन्हें स्नातक की पढ़ाई करने के दौरान मिली थी।

शिक्षा और करियर

उन्होंने विज्ञान में स्नातक डिग्री पुणे विश्वविद्यालय से हासिल की। उसके बाद उन्हें यूएस सरकार से स्कॉलरशिप मिलीं जिससे वह मरीन साइंसेस में परस्नातक करने हवाई विश्वविद्यालय चली गईं। उन्होंने वेस्टफील्ड कॉलेज, लंदन विश्विद्यालय से डॉक्टरेट हासिल की थीं। उनकी थीसिस समुद्री शैवाल से जुड़ी थी। वह अपने शोध के लिए कई स्कॉलरशिप हासिल करने में सफल रही थीं। आगे उन्हें, साइंस एंड इंजीनियरिंग रिसर्च काउंसिल का ग्रांट प्राप्त हुआ।

पीएचडी के दौरान ही पंत ने काम की तलाश शुरू कर दी थी। साल 1971-72 में उनकी मुलाकात प्रो. एन. के. पाणिकर से हुई। वह एक वरिष्ठ वैज्ञानिक, लेखक और 'नैशनल इंस्टीट्यूट ऑफ ओशनोग्राफी' गोवा के डायरेक्टर थे। वहां उनसे चर्चा में यह सवाल उठा कि क्या भारत में हमारी ज़रूरत है? इस सवाल का जवाब अदिति के लिए प्रोत्साहन और चुनौती दोनों ही साबित हुआ। इसके बाद, उन्होंने पोस्ट डॉक्टरेट और अन्य योजनाओं को छोड़ते हुए साल 1973 में पूल ऑफिसरशिप के लिए आवेदन किया और भारत लौट आईं। अपने फैसले पर उन्होंने कभी खेद नहीं जताया।

साल 1973-76 में एनआईओ में उन्होंने तटीय अध्ययन करने का मौका मिला। उनके साथियों और उन्होंने वाहनों और मछली पकड़ने वाले वाहन से वेरावल से कन्याकुमारी और मन्नार की खाड़ी का तटीय अध्ययन पूरा किया। पंत और उनके साथियों ने ये दौरे समुद्र किनारों पर सोकर गुजारे थे क्योंकि आवास की कोई व्यवस्था नहीं थी। वह और उनके साथी कभी खाने और एकांत के लिए परेशान नहीं हुए। उन्होंने हर स्थिति में अपना काम जारी रखा। वह और उनके साथी वही खाते थे जो उन्हें स्थानीय लोग दे देते थे। अधिकतर भजिया और गुड़ के चाय के सहारे उन्हें रहना पड़ता। अधिकतर वह टीम में शामिल अकेली महिला हुआ करती थीं इसीलिए स्थानीय गांव वाले ख़ासकर औरतें

अपने पतियों या भाईयों को मेरे पास यह पूछने के लिए भेजती कि कहीं कुछ मुझे ज़रूरत तो नहीं?

अंटार्कटिका पर जाने वाली पहली महिला समुद्र वैज्ञानिक

एनआइओ का उस समय दस वर्ष का अंटार्कटिक महासागर के अध्ययन का प्रोग्राम था। जिसमें कई विभिन्न विषयों पर काम किया जाना था। जब यह मौका पंत को प्राप्त हुआ उन्होंने दोनों हाथ से इस अवसर का स्वागत किया। दिसंबर 1983 और मार्च 1984 में अदिति पंत ने इस अभियान में शामिल होकर इतिहास रच दिया। वह अंटार्कटिका जाने वाली पहली भारतीय महिला समुद्रविज्ञानी बनीं। पंत का कार्य अंटार्कटिका के खतरनाक और कठोर जलवायु में खाद्य श्रृंखला भौतिकी, रासायनिक और जीव विज्ञान की जानकारी एकत्रित करना था। इस मिशन के दौरान टीम ने अंटार्कटिका में स्थित पहला भारतीय वैज्ञानिक रिसर्च बेस स्टेशन 'दक्षिण गंगोत्री' बनाया था।

उपलब्धियां और सम्मान

अदिति पंत की उपलब्धियों की लंबी और बड़ी सूची हैं। उनके नाम पांच पेटेंट दर्ज हैं और अनेक महत्त्वपूर्ण लेख प्रकाशित हैं। भारतीय अंटार्कटिक कार्यक्रम में उनके योगदान के लिए उन्हें भारत सरकार द्वारा अंटार्कटिक पुरस्कार से सम्मानित किया गया था। उन्होंने यह पुरस्कार अपने सहकर्मियों सुदीप्ता सेनगुप्ता, जया नैथानी और कंवल विल्कू के साथ साझा किया था। वह 'नैशनल इंस्टीट्यूट ऑफ ओशनोग्राफी', और महाराष्ट्र एकेडमी ऑफ साइंस में वरिष्ठ पदों पर अपनी सेवा दे चुकी हैं। अदिति पंत हमेशा अपने काम के ज़रिये बंदिशों व रूढ़ियों को तोड़कर महिलाओं के लिए आदर्श बन गयीं।

अंतरिक्ष की यात्रा

कल्पना चावला

(1962-2003)

आज महिलाएं धरती से आसमान तक अपने हुनर और काबिलियत का परचम लहरा रही हैं। भारतीय महिलाएँ भी पीछे नहीं हैं; राजनीति से लेकर औद्योगिक क्षेत्र तक, कला क्षेत्र से लेकर खेल जगत तक हर क्षेत्र में दमदार भूमिका में हैं। महिलाओं को आगे बढ़ने की प्रेरणा इतिहास की कुछ दमदार महिलाओं से मिलती रही है। आज हम चांद और मंगल ग्रह पर रहने की तैयारी कर रहे हैं। अंतरिक्ष में रहने के सपने दिखाने वालों में एक भारतीय मूल की एक महिला भी शामिल है। इस महिला का नाम कल्पना चावला है।

कल्पना चावला भारतीय मूल की पहली महिला थीं जिन्होंने अंतरिक्ष तक का सफर तय किया। इस उपलब्धि से महज महिलाओं को प्रेरणा नहीं मिली, बल्कि भारत के लिए गौरव और विश्व के लिए ऐतिहासिक पल बन गया। पूरा देश जिज्ञासा और साहस से झूम उठा। बच्चे और नवजवान ग़रीबी और सुविधाहीनता में फँसे पैरों की तरफ़ देखने की बजाय अन्तरिक्ष की तरफ़ देखने लगे।

कल्पना चावला का जीवन परिचय

कल्पना चावला का जन्म हरियाणा के करनाल में 17 मार्च 1962 को हुआ। उनके पिता का नाम बनारसी लाल चावला था और माता संज्योती चावला था। कल्पना सबसे छोटी थीं। उनकी शुरुआती शिक्षा करनाल में हुई। कल्पना चावला का बचपन से ही पसंदीदा विषय विज्ञान था। वह एक फ्लाइट इंजीनियर बनना चाहती थीं। इसी लक्ष्य को पूरा करने के लिए कल्पना ने पंजाब इंजीनियरिंग कॉलेज में दाखिला लिया और एयरोनॉटिकल इंजीनियरिंग की डिग्री हासिल की। इस दौरान उन्हें नौकरी के ऑफर भी मिले। लेकिन वह आगे की पढ़ाई के लिए महज 20 साल की उम्र में अमेरिका चली गईं।

अमेरिका में पूरे हुए कल्पना चावला के सपने

अमेरिका की यूनिवर्सिटी ऑफ टेक्सास में कल्पना ने दाखिला लिया और दो साल की पढ़ाई के बाद एयरोस्पेस इंजीनियरिंग में मास्टर डिग्री हासिल की। उन्होंने वर्ष 1986 में दूसरी मास्टर्स डिग्री हासिल की। बाद में 1988 में एयरोस्पेस इंजीनियरिंग में पीएचडी किया। अब तक कल्पना ने तय कर लिया था कि उन्हें अंतरिक्ष में जाना है। उनके पास अब कमर्शियल पायलट का लाइसेंस भी था और कल्पना एक सर्टिफाइड फ्लाइट इंस्ट्रक्टर बन चुकी थीं। इस दौरान उन्होंने फ्रांस के जान पियरे से शादी कर ली, जो खुद एक फ्लाइंग इंस्ट्रक्टर थे।

वर्ष 1993 में कल्पना चावला ने पहली बार नासा में अप्लाई किया लेकिन उन्हें रिजेक्ट कर दिया गया। 1995 में नासा ने कल्पना का चयन अंतरिक्ष यात्री के तौर पर

किया। उनकी ट्रेनिंग शुरू हुई और 1998 में अंतरिक्ष की पहली उड़ान के लिए कल्पना चावला को चुना गया। अपनी अंतरिक्ष यात्रा के दौरान कल्पना चावला ने 372 घंटे बिताते हुए इतिहास में अपना नाम दर्ज करा लिया और भारत का मान बढ़ाया।

दूसरी उड़ान-अंतिम उड़ान

अंतरिक्ष में जाने वाली पहली उड़ान सफल होने के बाद वर्ष 2000 में दूसरी स्पेस यात्रा के लिए कल्पना का चयन किया गया। हालांकि यह मिशन तीन वर्ष की देरी से हुआ और वर्ष 2003 में लांच किया गया। 16 जनवरी 2003 को कोलंबिया फ्लाइट STS 107 से उड़ान भरी। वह अंतरिक्ष स्टेशन पर पहुँचने में सफल रहीं। लेकिन लौटते वक्त, 1 फरवरी 2003 को कल्पना का अंतरिक्ष यान पृथ्वी की कक्षा में प्रवेश करते ही टूट गया। इस दुर्घटना में मिशन में शामिल सातों लोगों की मौत हो गई, जिसमें कल्पना चावला भी शामिल थीं। इस दुर्घटना से न सिर्फ़ भारत बल्कि दुनिया भर के लोग शोक में डूब गये।

जिसने चाँद पर पहुँचाया

ऋतु करिधल

(1975-)

रितु करिधल का जन्म 13 अप्रैल 1974 को लखनऊ में हुआ। उनका पालन-पोषण एक मध्यवर्गीय परिवार में हुआ था जहाँ शिक्षा पर जोर दिया जाता था। संसाधनों की कमी, कोचिंग संस्थानों की अनुपस्थिति और कोचिंग के लिए पैसे न होने के कारण उन्हें सफलता के लिए केवल अपनी इच्छा पर निर्भर रहना पड़ा। वह जब छोटी थीं तभी से जानती थीं कि उसकी रुचि अंतरिक्ष विज्ञान में है। वह चाँद और तारों को निहारते हुए घंटों बिता देती थीं। चूँकि उन्हें अंतरिक्ष अन्वेषण के बारे में पढ़ना अच्छा लगता था, इसलिए वह अंतरिक्ष-संबंधी किसी भी गतिविधि के बारे में अखबारों की कतरनें इकट्ठा करती थीं।

विज्ञान मेले ने बदल दिया उन्होंने हाई स्कूल में एक वैज्ञानिक मेले में भाग लिया और सौर मंडल पर किए गए एक प्रोजेक्ट के लिए उन्हें प्रथम स्थान मिला। इस घटना से अंतरिक्ष विज्ञान में उनकी रुचि और भी मजबूत हो गई। हाई स्कूल की पढ़ाई पूरी करने के बाद उन्होंने भौतिकी की पढ़ाई के लिए लखनऊ के महिला विद्यापीठ पीजी कॉलेज में

दाखिला लिया। बाद में उन्होंने लखनऊ विश्वविद्यालय से भौतिकी में मास्टर ऑफ साइंस की डिग्री पूरी की।

एमएससी करने के बाद उन्होंने अंतरिक्ष विज्ञान में अपना करियर बनाने का फैसला किया। उनके आवेदन जमा करने के बाद 'इंडियन स्पेश रिसर्च ओर्गनिजेशन'(इसरो) ने उनका आवेदन स्वीकार कर लिया। अंतरिक्ष यान प्रणाली प्रभाग में एक वैज्ञानिक के रूप में, वह 1997 में शामिल हुईं। इसरो में शामिल होने के बाद से करिधाल ने कई महत्वपूर्ण अंतरिक्ष परियोजनाओं में योगदान दिया। जिसमें चंद्रयान -1 और चंद्रयान-2 मिशन के साथ-साथ मार्स ऑर्बिटर मिशन (मंगलयान) भी शामिल है। इसरो के नये लॉन्च वाहन अर्थात् जीएसएलवी तीन के निर्माण में भी उनकी भूमिका थी।

करिधल एक महान वैज्ञानिक हैं, जिनसे दुनिया भर की महिलाएँ प्रेरणा ले सकती हैं। वह उन युवा महिलाओं के लिए एक प्रेरणा के रूप में काम करती हैं जो विज्ञान और तकनीक के क्षेत्रों में काम करना चाहती हैं। वह लैंगिक समानता और महिला सशक्तिकरण की प्रबल समर्थक हैं। वह दुनिया के साथ-साथ भारत के अंतरिक्ष कार्यक्रम के लिए भी एक वास्तविक मूल्य हैं।

चंद्रयान मिशन अंतरिक्ष यान प्रणाली प्रभाग में एक वैज्ञानिक के रूप में, करिधल 1997 में इसरो में शामिल हुईं। उन्होंने पहले मंगलयान मिशन के लिए उप संचालन निदेशक, चंद्रयान -2 के लिए मिशन निदेशक और चंद्रयान -3 के लिए परियोजना निदेशक के रूप में कार्य किया। करिधल ने इंडियन नेशनल एकेडमी ऑफ इंजीनियरिंग यंग साइंटिस्ट अवार्ड, इसरो यंग साइंटिस्ट अवार्ड और इसरो स्पेस साइंस फ़ेलोशिप जीता है। वह भारतीय अंतरिक्ष अनुसंधान संगठन (इसरो) की वैज्ञानिक सलाहकार समिति में भी कार्य करती हैं।

करिधल का करियर उनकी दृढ़ता, प्रतिबद्धता और अंतरिक्ष यात्रा के प्रति प्रेम का प्रमाण है। वह हर जगह महिलाओं के लिए एक आदर्श हैं और अंतरिक्ष विज्ञान के क्षेत्र में एक महान अग्रणी हैं।

इन्हें भी जानें

डॉ. सीता आचार्य
प्रसिद्ध स्त्री रोग विशेषज्ञ

पद्मावती बंधोपाध्याय
प्रसिद्ध औषधि विशेषज्ञ

शकुंतला भगत
प्रसिद्ध इंजीनियर

डॉ. पदम कुमारी अग्रवाल
प्रसिद्ध चिकित्सक

स्नेह भार्गव
औषधि विज्ञान के क्षेत्र में महत्त्वपूर्ण योगदान

यमुना कुमारी
रसायन वैज्ञानिक अंतरराष्ट्रीय ख्याति प्राप्त

सुजाता रामदुरई
अंतरराष्ट्रीय ख्याति प्राप्त गणितज्ञ प्लास्टिक सर्जरी के क्षेत्र में प्रसिद्ध

करिमपत मातंगी रामकृष्णन
प्लास्टिक सर्जरी के क्षेत्र में प्रसिद्ध वैज्ञानिक

शशि वाधवा
भारत की प्रसिद्ध सरल रचना वैज्ञानिक

कमल जयसिंग रणदिवे
'मॉलिक्यूलर बायोलॉजी' के क्षेत्र प्रसिद्ध वैज्ञानिक

शीला के रामसेशा
रसायन और पदार्थ विज्ञान के क्षेत्र में उल्लेखनीय योगदान